Angie Pfeiffer
Ich kauf mir morgen einen Hund

Angie Pfeiffer

Ich kauf mir morgen einen Hund

Gedichte zum Schmunzeln

Deutsche Erstausgabe
1. Auflage,
© 2024
by Angie Pfeiffer
Alle Rechte vorbehalten
Bilder: Angie Pfeiffer
Herstellung und Verlag:
BoD – Books on Demand,
Norderstedt
ISBN: 9 783758 374739

Buchstabensalat

Es war einmal ein Ypsilon,
das tat vor Kummer weinen,
denn seine Liebe ganz und gar
gehörte nur dem Einen.

Dem unvergleichlich schönen Beh,
so rund und wohlgestaltet.
Dem Ypsilon tat's Herze weh,
sein Kummer still verhallte.

Das Ix sprach: Schau mal neben dich,
ich warte schon so lange!
Mir ist heut' richtig kuschelig
schmieg dich an meine Wange!

Doch mochte sich das Ypsilon
für's Ix nicht recht erwärmen.
Es schob den Nachbarn schnöd' davon,
um dann vom Beh zu schwärmen.

Das Ganze wurd' dem Zett zu dumm,
es stieß das Ah sehr heftig
und rief: „Was stehst du hier herum?
Hau' doch das Beh mal kräftig!"

Das Ah erschrak,
sprang vor das Beh,
und striff das Ceh,
fiel auf das Deh!

Das Resultat?
Buchstabensalat!

Wunschgedicht

Wenn ich mir was wünschen könnt',
so wär' die Liste lang:
Ein Esel, der im Garten wohnt,
ein Huhn, das auf der Stange thront,
ein Kakadu im Schrank.

Wenn ich mir was wünschen sollt',
dann sicher was mit Stil:
Ein Fabergé Ei ganz aus Gold,
ne Kreuzfahrt auf dem Nil.

Von Lagerfeld ein tolles Kleid
mit dem besonderen Pfiff.
Dann hätte ich als schönste Maid
die Männerwelt im Griff.

Doch brauche ich keine Haute Couture
und keinen schicken Fummel.
Was nutzt mir alles Gold der Welt,
Bill Gates mit seinem vielen Geld
und seinem Windows Rummel?

Ich wünsche mir, was jeder kann:
Ein Lächeln bringt mir Glück!
Ein kleines nur, so dann und wann,
ihr kriegt es auch zurück.

Himmelsgeflüster

Am Himmel ist der Teufel los,
der Mond ist heute riesengroß.
Er mäkelt, meckert unzufrieden,
fühlt sich von allen so verschieden.

Die Einsamkeit, sie lässt ihn seufzen,
vor Rührung in die Finger schnäuzen.
Denn unser Mond sucht eine Frau
und ist vor lauter Trübsal blau.

Er wäre ach so gern verliebt,
fragt sich, ob's wohl ne Mondin gibt.
Doch leider ist am Firmament
gar niemanden, der Frau Luna kennt.

Ein Sternchen dauert's Mondes Pein,
möcht' auch nicht mehr alleine sein.
So schmiegt es sich an seine Wange
und schau - es dauert gar nicht lange,

da strahlen Mond und Stern zusammen,
man meint, der Himmel steht in Flammen.
Er flüstert: „Ach wie ist es nett,
mit dir in diesem Himmelbett.

Steppenliebe

Wenn's Flusspferd jeck
im Wasser planscht,
das Krokoweibchen Walzer tanzt,
die Klapperschlange sanft sich ringelt,
die Boa sich zu Schleifchen kringelt.

Das Löwenmännchen baden geht,
der Halsbandsittich lauthals kräht,
Frau Straußen sich die Federn putzt,
ihr Mann die Gunst der Stunde nutzt.

Ein Elefant Trompete spielt,
obwohl der Jäger auf ihn zielt!
Der Hase seine Frau anschmachtet
und gar nicht auf Hyänen achtet.

Dann ist es wieder mal so weit,
die Steppenliebe macht sich breit.
Sie mischt die ganze Tierwelt auf
und die Natur nimmt ihren Lauf!

Es knuddelt, kuschelt allenthalben.
Die Störche tun es und die Schwalben.
Die Spatzen pfeifen es vom Dach;
die Sehnsucht hält sie alle wach.

Der dicke Vollmond lächelt mild,
beleuchte sanft das traute Bild.
Denn diese Steppenliebelei
ist ja bekanntlich sündenfrei.

Und die Moral von der Geschicht'
ist: Tu es einfach, scher dich nicht!
Lass die Moralapostel motzen,
und die Schwachmaten neidisch glotzen!

Du hast nur dieses eine Leben
darum sollst nehmen und auch geben
und ab und zu vor Liebe schweben!
Eben!

Ein schönes graues Haar

Auf einem Kopfe kürzlich fand
ein graues Haar 'nen schweren Stand.
Es hing dort planlos so herum
und schaute sich verdattert um.

Sprach: „Wieso trägt hier jeder rot?
Ich bin allein in meiner Not."
Es wurde weinerlich und schon
verfiel es in 'ne Depression.

Die roten Brüder lauthals lachten,
weil sie sich ziemlich lustig machten.
Das hielt das graue gar nicht aus
Und dacht': „Ich falle lieber aus!"

Doch eh das Haar sie dieses traute,
sein Träger in den Spiegel schaute.
Das Haar, es schaute auch mal hin,
und dacht', es hätt' den Hauptgewinn.

Es glaubte seinen Augen nicht,
denn unten, mitten im Gesicht,
war eine Falte zu erspähen,
die machte es sich sehr bequem.

Da atmete das Haar echt auf.
Und dacht': „So ist der Lebenslauf.
Das Alter lässt sich nicht vermeiden.
Warum sollt' man dann daran leiden."

Und die Moral von der Geschicht':
Schaust du dir einmal Gesicht
und wirst dort eine Falte seh'n,
dann find' dich einfach trotzdem schön.

So leb' denn wohl, mein Steißtattoo

Es war auf Malle, vor zehn Jahren.
Ich hab' mich so in dich verknallt.
Hab alle Schmerzen ausgehalten
und mich am Sessel festgekrallt.

Du warst mein Stolz und meine Liebe.
Hab' öfter heimlich mich gebückt
und sah ich einen Typen gucken,
so fühlte ich mich sehr beglückt.

Jetzt gehst du schrecklich auf die
Nerven.
Denn unsere Jahre sind vorbei.
Nun werde ich dich lasern lassen,
so leb denn wohl, mein Arschgeweih.

Die Trennung wird bestimmt sehr teuer,
ich muss mein Konto überziehen.
Hab' auch mein Auto bei Mobile,
und alle Wertsachen beliehen.

Doch kommt mir plötzlich die
Erleuchtung,
die Zukunft, sie wird sorgenfrei.
Denn schließlich hab' ich über'm Hintern
ne Menge Werbefläche frei.

Familien Bande

Onkel Heinz und Tante Mine
sind seit Jahren schon verkracht.
Opa Knut ist immer knurrig,
egal was man auch für ihn macht.

Enkel Hugo ärgert gerne
Tante Irmgards dicken Bolz'.
Seinen Eltern ist das schnuppe,
denn er ist ihr ganzer Stolz.

Vetter Dings und Base Dingsbums
fetzen sich fast jeden Tag.
und das nur, weil Vetter Dingens
seine Base gar nicht mag.

Nur die Oma ist stets heiter,
lächelt immer still vergnügt,
kann schlecht sehen und nichts hören,
merkt nicht, wenn man sie mal rügt.

So sind sie, die Familienbande,
schnüren uns zuweilen ein.
Doch wer möchte schon auf Dauer
ohne diese Bande sein.

Kindersegen mal Drei

Der Wecker klingelt um halb sieben.
Aufstehen nicht mehr aufzuschieben.
Charlotte macht die Augen auf,
das Chaos nimm nun seinen Lauf.
Und - rums, die erste Türe kracht.
Nun ist Sophie auch aufgewacht.
Sie schreit und ist tomatenrot.
Du schmierst noch schnell das
Pausenbrot.
Und Jakob? Er blockiert das Bad.
Sophie kommt nun erst recht in Fahrt.
Sie wirft ihr volles Töpfchen um
und wuselt freudig dann herum.
Stürzt sich auf dich mit einem Schrei.
Kindersegen, das mal drei.

Jakob schnell zum Sport gebracht,
verwischt die Spur der Frühstücks-
schlacht.
Nun ist dein eigenes Frühstück dran.

Sophie, sie malt die Wände an.
Charlotte kommt, macht ein Gesicht.
Ein Handy kriegt sie trotzdem nicht.
Stress wer zuerst Pommes kriegt,
bis alles auf dem Boden liegt.
Sophiechen niest, den Mund voll Ei.
Kinderfreuden, das mal drei.

Nach dem Mittag wäre Zeit.
Doch wer macht die Hausarbeit???
Sophie hat Stanniol im Ohr,
der Doktor lässt euch sicher vor.
(und frag' ihn gleich nach einer Kur!)
Wo ist der Autoschlüssel nur?
Als du diesen dann gefunden,
ist's Stanniol vom Ohr verschwunden.
Steckt jetzt im linken Nasenloch.
Du zieh es raus, das kann du doch!
Von oben laute Rap Musik,
Charlotte übt Mathematik.
Den Songtext grölt sie mit dabei.
Kinderfrieden, das mal drei.

Schlafgeschichten bei den Dreien.
Danach schläfst du im Stehen ein.
Schleppst dich ins Bett, die Augen zu.
Du reiße sie auf, bist wach im Nu.
Es raunt: „Schatz, überleg' es dir,
Noch ein Kleines, dann sind's vier!"
Du drehst dich um – es bleibt dabei.
Kinder gerne, doch nur drei.

... denn alle anderen gibt es ja schon.

Dein Bauch,
oh je, ein Kilo zu viel.
Doch dafür ein super Bauchgefühl.

Deine Falten,
oh je, wie sichtbar sie sind.
Aber dafür lachst du so schön wie ein Kind.

Deine Locken,
sie struwweln ganz ungeniert.
Das hast du doch längst schon akzeptiert.

Dein Stil, so sagt man, ist lange out.
Doch du magst ihn
und zeigst wer sich was traut.

So bist du:
Schräg und ziemlich speziell
und ungewöhnlich und originell.
Verrückt, bekloppt, wie sonst keine Person.
Denn all die anderen gibt es ja schon.

Eins auf die Nase

Das Leben, schau ich heut' zurück,
es war wie ein Theaterstück.
Zuweilen schnulzte es durchaus,
und manches Mal gab es Applaus.
Doch lief es raus, aufs Happy End,
hab ich's Finale meist verpennt.

Zuweilen hab' ich nix gecheckt
und plötzlich mitten drin gesteckt,
im infernalen Trauerspiel,
in dem ich auf die Nase fiel.
War heulend Hauptdarstellerin,
als absolute Dramaqueen.

Auch Thriller wurden aufgeführt,
denen Beachtung hier gebührt.
Ob bitterbös', ob Parodie,
das Schicksal führte meist Regie.
Mal schlecht, mal gut, ich spielte mit,
es kam zu manchem bösen Schnitt.

Komödie, mein Lieblingsstück!
Hier lachte häufig pures Glück.
Doch hatt' ich wieder Mist gemacht,
wurd' gern auch über mich gelacht.
Ich hab' es mit Humor genommen,
bin damit gut zurechtgekommen.

Mal war das Stück ein echter Flop,
zuweilen super, klasse, topp.
Mal großes Kino bei Sat 1,
dann wieder eigentlich nicht meins.
Hab auch aufs falsche Pferd gesetzt,
wurd' mehr als einmal schwer verletzt.

Doch würde ich von vorne starten,
das Leben wieder neu erwarten,
so würde ich es gerade wollen,
so wie es war, in allen Rollen.
Eins auf die Nase, so als Clou
gehört (verdammt nochmal) dazu.

Mitternächtlicher Besuch

Neulich, gegen Mitternacht,
als ich aus tiefem Schlaf erwacht,
stand der Gevatter Tod vor mir.
Laut rief ich aus: „Was willst du hier?"

Er sprach: Ich will dich mal was fragen:
Wie sieht es aus in diesen Tagen?
Ist dir dein Leben gerade recht?
Und fühlst du dich darin nicht schlecht?

Würd'st du den Weg noch einmal gehen
und auch zu deinen Taten stehen?
Vielleicht willst du was korrigieren?
Das ließe sich leicht arrangieren.

Darauf hab' ich uns nen Drink gemacht
und erstmal länger nachgedacht.
Mein Leben ändern? Will ich das?
Macht es mir wie es ist wohl Spaß?

Wie könnte es denn anders sein?
Ganz ungebunden und allein?
An dieser Stelle wusste ich,
so'n Leben wäre nichts für mich.

Ich würd's genau tun, wie's war.
Es würd' genauso gut – na klar.
Und war ein Fehler mal dabei –
im Nachhinein ist's einerlei.

Wir teilten uns mein letztes Gras
und sprachen über dies und das,
den Rest der ganzen langen Nacht.
Dann haben wir was ausgemacht.

Zunächst mal lässt er mich in Ruh,
drückt dieses Mal ein Auge zu.
Doch kommt er irgendwann vorbei,
auf eine weitere Plauderei …

Neulich in Edinburgh:

Als ich mich dort im Pub befand,
mit einem Whisky in der Hand,
kam zu mir hin der Sensenmann
und sprach mich von der Seite an.
Er sagte: Es wird Zeit, mein Kind,
zum Schöpfer geht's für dich geschwind.
Vielleicht fährst du auch unten ein,
da würd' ich mir nicht sicher sein.
Er griff nach meiner rechten Hand,
wo sich das Whiskyglas befand.

Dies Handeln ließ mich jäh erwachen.
Ich rief: Das kannst du doch nicht
machen!
Erkläre mir, was dies hier soll,
mein Glas, es ist ja noch halb voll!
Das Lebenswasser stehen lassen?
In deinem Schrank fehlt es an Tassen.
Doch will ich heute nicht so sein
Come, Keeper, schenk dem Kerl was ein.
Hat er den Himmelstrunk probiert,

ist er bestimmt nicht mehr verwirrt
und lässt das Jenseits Jenseits sein.
Ich fahr' heut nirgendwo mehr ein.

Voll Argwohn nippte der Geselle
an seinem Glas und auf der Stelle
verklärte sich sein düsterer Blick.
Er seufzte: Welch ein großes Glück
ließ mich genau an dich geraten!
Ich werd' mit meinem Auftrag warten.
Doch wenn ich auch von hier verschwind',
Wir sehen uns wieder liebes Kind.

Rund ums Schottenröckchen

Wie oft hab' ich mich das gefragt
doch niemand hat es mir gesagt,
was Schotten unter'm Röckchen tragen.
Hier liegt mein Wissen arg im Argen.
Ich taste vorsichtig mich vor,
bin bei dem kleinsten Tipp ganz Ohr.

Man sagte, Boxershorts sind out,
der Schotte ruft nach Feinripp laut.
Auch Tangas, mit nem String am Po,
sie machen manchen Scotsman froh.
Und wer sich das nicht leisten kann,
legt sich das selbst Gestrickte an.

Ob es wohl stimmt, was man erzählt,
dass sich so mancher Schotte stählt,
dem Wind und Wetter trotzig trotzt
und nicht über die Kälte motzt.
Ich hab's gegoogelt und dort steht,
der Härteste ganz ohne geht.

Oh nein, sagt Angies Feingefühl,
die Herren aus Schottland haben Stil.
An dieser Info ist nichts dran,
sie wissen, wie es baumeln kann.
Guck lieber gar nicht hin, mein Kind,
sonst wirst am Ende du noch blind!

Doch lässt die Frage keine Ruh',
des Nachts krieg ich kein Auge zu.
So werde ich es doch wohl wagen
und einen Schotten direkt fragen,
wie er es mit dem Höschen macht,
aus Freude an der Wissenschaft!

Sixpack

Früher tat ich delikates,
dachte an den ersten Preis.
Heute mache ich Pilates,
denke nur an den Verschleiß.

Marathons, die wollt' ich laufen,
hatt' ich irgendwann geplant.
Jetzt muss ich einen Lifta kaufen!
Wer hätte jemals das geahnt!

Zum Yoga lief ich hin wie blöde,
recken, strecken, biegen, bücken.
Heute mache ich nur schnöde
die Entspannung auf dem Rücken.

Früher wollt' ich besser sein,
höher, schneller und auch weiter.
Heut' hab' ich 'nen Krampf im Bein,
und bin wesentlich gescheiter.

Schaue dir beim Laufen zu,
auf der immer gleichen Strecke.
Bin an meinem Ziel im Nu,
gleich am Kiosk an der Ecke.

Falls wir uns dann nachher sehen,
werde ich dir endlich sagen:
Ich beschränke mich aufs Gehen,
muss schließlich auch ein Sixpack
tragen.

Rentnerblues

Wenn ich mich bücke tut es weh,
vom Nacken bis zum kleinen Zeh.
Kann heute nicht einmal zum Sport,
für meine Knochen ist das Mord.

Ich hab' ein neues Krankenbett
und Essen gibt's nur ohne Fett.
Weil - immer in den letzten Tagen,
da grummelt es in meinem Magen.

Laktose, ach du liebe Zeit
ist Gift laut letztem Arztbescheid.
Auch hab' ich einen Nierenstein,
es sind gar zwei, fällt mir grad' ein.

Mit meiner Haut stimmt etwas nicht.
Hab einen Flecken im Gesicht.
Ich weiß, das kann nur eines sein,
die Krankheit fällt mir grad nicht ein.

Ja, ja, das ist Vergesslichkeit,
zudem hab' ich auch niemals Zeit.
Doch jetzt setz ich mich erst mal hin,
weil ich die Allerkränkste bin.

Bin nicht mehr lange auf der Erde,
weiß schon, was ich jetzt tuen werde:
Zur Unterstützung meiner Thesen
werd' ich die Rentnerbravo lesen.

Sie tun es immer noch

Mit 20 taten sie's überall.
Mit 30 eher von Fall zu Fall.
Mit 40 fehlte es oft an Zeit.
Mit 50 gab's ganz neue Zärtlichkeit.
Mit 60 erlebten die Liebe sie neu,
erkannten, für sie geht es niemals vorbei.
Mit 70 steht er noch seinen Mann.
Mit 80 auch noch, so dann und wann.

Man kann es kaum glauben,
belächeln – und doch!

Sie tun es immer und immer noch.

Kussvariationen

Man findet ihn oft auf der Wange,
formell und fast wie von der Stange.
Gehaucht als erster, zweiter, dritter,
mal rechts, mal links, und in der Mitte.
Als ach wie nett dich mal zu sehen,
lässt man ihn einfach so geschehen.

Zuweilen in der Politik
hält Mann sich hierbei nicht zurück
und gibt ihn ab ganz offiziell.
Mal ehrlich – ist das originell,
wenn Männermünder sich berühren
um ihre Freundschaft vorzuführen?

Als in der Kinderzeit erlebter,
ist er ein Kaugummi verklebter.
Und manchmal ist er gar nicht lecker.
Wer will schon einen Tantenschmecker!
Doch in der Pubertät erlebt
ist's Stoff, aus dem man Träume webt.

Manchmal als Grippeüberbringer
ist er verpönt als schlimmer Finger.
Auch dieser feucht gesabbert
Schmatzer,
der stoppelbärt'ge Wangenkratzer,
der dreiste, ungefragte Drängler,
der freche Zungenspitzenschlängler
sind allgemein nicht sehr beliebt
und haben manches schon versiebt.

Doch gibt's auch den besonders guten.
Er passt auf Lippen, Münder, Schnuten,
lässt Schmetterlinge flatternd fliegen.
Von ihm ist nicht genug zu kriegen.
So süß wie Honig, sanft und zart,
Verlockung pur und sehr apart.
Er ist ein Schummerlicht Bekenner
Und wird ganz schnell zum Dauerbrenner.

Und küsst der Küsser virtuos,
ist man ganz plötzlich willenlos.
Verliert den Kopf und den Verstand,
ist völlig außer Rand und Band.
So gilt auch hier die Theorie:
So mancher ist ein Kussgenie.

Der zu verführende Mann

Hab deinen Namen aufgeschrieben.
Du bist der Typ, an den ich denk'.
Will es auf keinen Fall versieben,
wenn ich mich ganz an dich verschenk'.

Du bist der Kerl, den ich gern hätte,
nicht immer, aber dann und wann.
Du stehst ganz oben auf der Liste
Als bald von mir verführter Mann.

Ich lege dich in mein Register.
Du bist die Nummer meiner Wahl.
Bist einer, den ich gern küsste.
Zu warten ist mir eine Qual.

Den ganzen Tag hab' ich vergrübelt,
wie ich dich bald vernaschen kann.
Du stehst ganz oben auf der Liste,
als bald von mir verführter Mann!

Wimpernklimpern und so …

Heute hab' ich Gucci an!
Morgen trage ich Vitton.
Jedes Outfit ein Gedicht,
aber du bemerkst es nicht.

Und auch das Versace Kleid,
bin ich leider wieder leid,
denn du registrierst es nicht,
verziehst nicht einmal das Gesicht.

Haare heute ungekämmt,
wirkt ein bisschen ungehemmt.
Ein Wimpernklimpern, tiefer Blick,
du durchschaust auch diesen Trick.

Plötzlich hab' ich 'ne Idee
Wenn ich morgen vor dir steh',
hab' ich vielleicht gar nichts an!
Mann, dann bist du wirklich dran …

Totale Verwirrung

Ich hab' mich in der Zeit geirrt,
jetzt ist kein Dienstbeginn.
Dann stehe ich am Bankomat
und tipp die falsche PIN.

Wie war denn diese Nummer bloß?
Ich runzele die Stirn.
Geburtsdatum, nur anders 'rum?
Ich strapazier' mein Hirn.

Das Datum meiner Scheidung?
Die Anzahl meiner Ex?
Versuche es mit dieser Zahl
und tipp' zu oft die sechs.

Weiß nicht mehr deine Nummer.
Sie fällt mir auch nicht ein.
Ich grüble schon den ganzen Tag.
Es ist verflixt zum Schreien.

Doch es gibt eine Nummer,
an diese denk' ich nur.
Sie war mit dir und gestern
und bringt mich aus der Spur.

Eine fast perfekte Verführung

Für Dich rasiere ich mein Bein,
und schmiere mich mit Lotion ein.
Denn heute bin ich streichelzart,
hab' auch nicht mit Parfum gespart.

Die Augenbrauen will ich zupfen
und meinen Rocksaum dezent lupfen.
Ein Bad mit Rosen und Narzissen,
denn heute will ich's wirklich wissen!

Will Dir nen Liebestrank servieren
und mich im Wonnerausch verlieren.
Doch was ist das? Du schläfst ja ein!
Liegt es vielleicht am guten Wein?

Da nutzt kein Kosen und kein Küssen,
du pennst und willst von mir nichts wissen.
Von Müdigkeit noch keine Spur
ich frage mich: Was mach ich nur?

Gut, schau ich mir nen Krimi an,
weil ich dabei entspannen kann.
Ich küsse dich ganz sanft und sacht
und warte auch die nächste Nacht.

Waldemar

So komm schon her, mein Waldemar,
wir machen es, wie jedes Jahr.
Was ist denn los, was zierst du dich?
Denn schließlich ist es deine Pflicht!
Erzähl mir nicht du machst es später
und höre auf mit dem Gezeter.

Pyjama aus, komm etwas näher,
du bist doch sonst ein Frauenversteher.
Na endlich, noch ein bisschen mehr!
Oh Himmel, das gefällt mir sehr!
Mein wilder Hengst, wie bist du toll,
bin nicht allein des Lobes voll.

Noch etwas links, dann weiter vorn,
mein Ritter mit dem heißen Sporn.
So ist's perfekt, nun streng dich an,
wozu bist du mein Ehemann.
Ja was, wie sollst du weitermachen?
Was fragst du mich? Es ist zum Lachen!

Doch ach, was soll das bitte sein?
Was groß war wird ganz plötzlich klein!
Was ist denn das? Ein Mückenstich?
Herrje, jetzt wirst du zimperlich!
Er war wie meistens sehr bemüht,
doch leider kam er dann verfrüht.

Doch so kommst du mir nicht davon,
heut' machen wir nen Marathon!
Da hilft kein Jammern und kein Stöhnen,
ich werde dich sogleich verwöhnen,
dass dir das Seh'n und Hör'n vergeht,
nicht nur das Haar zu Berge steht…

Valentinstag

Jetzt wird's Zeit, die Läden schließen
und ein Mann läuft Marathon
Ist verzweifelt, schier am Ende,
wähnt sich ganz verloren schon.

Denn sie wartet heute auf ihn.
Heute ist der Liebestag,
den sich irgend so ein Spinner
ausgedacht, weil Frau es mag.

Valentin, der Tag der Liebe!
Voll Erwartung wartet sie.
Und ihm schlottern vor Verstresstheit
Herz und Hand und auch das Knie.

Plötzlich steht vor in dem Laden,
den er vorher nie gesehen.
Doch er denkt sich, das ist schnuppe,
was kann ihm denn noch geschehen

Drinnen ist es dunkeldüster,
doch das stört ihn heute nicht.
Wichtig ist, dass er was findet,
wovon sie noch lange spricht

Eine Lady, unverfroren,
schlängelt sich dicht an ihn ran.
Lächelt sexy, drückt sich an ihn.
Fragt, ob sie ihm helfen kann

Oh, ich suche etwas Tolles.
Murmelt er ein wenig fad.
Muss zu Valentin was schenken
und jetzt hab' ich den Salat

Was Tolles hast du hier gefunden.
Flüstert sie und fasst ihn an.
Deine Frau beglückst du später.
Hier lernst du, wie Mann das kann

Inzwischen ist ein Jahr vergangen.
Wieder ist der Liebestag.
Er rennt nicht ziellos durch die Straßen,
denn er weiß jetzt, was sie mag.

Ich kauf mir morgen einen Hund

Was soll ich sagen, ich bin Single,
und ständig fragt mich irgendwer:
Kommst du mit, nur auf ein Bierchen?
Abzulehnen fällt mir schwer.

Weil: bin niemandem verpflichtet,
kinderlos und ohne Mann.
So glaubt man allgemein und immer,
dass Angie häufig ausgehen kann.

Gerade krieg ich eine Nachricht,
sie ist von Wölfi, diesem A...(rmleuchter).
Er glaubt, er wär' ein großer Maler
und gibt heut' eine Vernissage.

Wie zu erwarten ist es schrecklich,
die Bilder richtig heftigst schlimm.
Ich schleich mich leise, unauffällig
zu meinem Malerfreunde hin.

Sag: Ehrlich, sorry, lieber Wölfi,
ich gehe jetzt, auf Wiedersehen.
Er schreit es durch den ganzen Laden:
Warum willst DU so früh gehen?

Natürlich bleib ich, ohne Frage
und geh' um ein Uhr früh nach Haus.
Da seh' ein einen kleinen Fiffi.
Was sieht der Hund nicht niedlich aus.

Am Ende seiner langen Leine,
da steht ein Bild von einem Mann.
Ich überlege ziemlich krampfhaft:
wie spreche ich das Herrchen an?

Die Eingebung, sie kommt ganz plötzlich,
ich kauf mir morgen einen Hund.
Um mich vor Anfragen zu drücken,
hab' ich dann immer einen Grund.

Ach ja, ich tränke gern ein Bierchen,
jedoch mein Hundlein muss raus.
Der macht mir sonst noch in die Wohnung,
und gräbt die Kübelpflanzen aus.

Die Vernissage, oh je, wie schade,
mein Fiffi ist so schrecklich krank!
So kann ich leider gar nicht kommen,
denn Wauwie liegt schon wieder lang.

Die Eingebung, sie lässt mich lächeln,
der süße Typ, er lacht zurück.
Ich werd' mir seinen Hund ausleihen!
Oh Mann, was habe ich ein Glück!

Einkaufszettel für (m)einen Mann

Es sind Stellagen gleich vor dir.
Gesund und Grünes gibt es hier.
Nimm Paprika und vier Tomaten,
du findest sie bei den Salaten.

Greif zu den Äpfeln und Bananen,
doch hier muss ich dich ernsthaft warnen:
die Äpfel bitte ohne Dellen,
Bananen ohne braune Stellen.

Nicht wieder zehn Pakete Brot,
schon gar nicht aus dem Angebot!
Den Joghurt aus dem Kühlregal,
Schatz, suche nicht, frag's Personal.

Verpackter Käse, dünn geschnitten,
die Haltbarkeit nicht überschritten!
Jetzt kommt die Theke mit dem Fisch,
nimm's Tagesangebot, wenn's frisch.

Falls du dir nicht sicher bist
(ich weiß, du bist Perfektionist),
dann wählst du Rindersteaks zum Grillen,
das überlass' ich deinem Willen!

Oh je, jetzt wird es ziemlich arg,
mein Schatz geh weiter, sei ganz stark.
Lauf einfach schnell am Bier vorbei,
schau gar nicht hin und zähl bis drei.
Und auch ein Körnchen tut nicht Not,
denn heut' herrscht Alkoholverbot.

Jetzt noch zur Kasse, das ist leicht,
dann hast du fast das Ziel erreicht.
Dein Stammlokal lässt du links liegen,
sonst wirst du nichts zu Essen kriegen ...

Du nervst, mein Schatz

Ich könnte schreien bei dem Satz:
Wir sind spät dran, beeil dich, Schatz!
Wenn ich noch in der Dusche fluche
und hektisch nach dem Shampoo suche.

Ich bin im höchsten Maß gestresst,
wenn du Klamotten liegen lässt.
Ich hass' es, wenn im Flur vom Schnee
ich deine Fußabdrücke seh'.

Mich stört es tierisch wie du guckst,
wenn du nach deinem Handy suchst.
Es nervt, wenn du am Morgen schon
rumfummelst mit dem Telefon.

Dazu das Radio laut an,
dass ich mich kaum beherrschen kann.
Dann singst du auch noch falsch und laut!
Oh Gott, wie das den Tag ver(dirbt)!

Doch was mich richtig fertig macht
ist, wenn ich auch nur eine Nacht
allein und einsam schlafen muss.
Ganz ohne dich und Einschlafkuss.

Das wirft mich völlig aus der Bahn.
Drum lass ihn liegen, deinen Kram.
Such weiter nach dem Telefon,
spiel Radio am Morgen schon.

Lauf ruhig mit nassen Schuhen 'rum.
So wirklich nehm' ich dir's nicht krumm.
Und wenn ich meckere - grins weiter.
Du bist und bleibst mein Spitzenreiter.

Meisterkoch

Mein Alan kennt sich aus!
Ist manchmal Koch in unserem Haus.
Er zaubert hier mit Leichtigkeit
Genüsse. Und ist es soweit,
dann wird er schon ein Weinchen wählen,
ein guter Tropfen darf nicht fehlen.

Mein Alan weiß Bescheid!
Nur frische Zeug - das tut ihm leid,
was Anderes verkocht er nicht,
denn dieses ist des Meisters Pflicht.
Rein ökologisch soll es sein,
vom Markt gleich in den Topf hinein.

Mein Alan ahnt es nicht!
Er kennt nicht meine eig'ne Sicht.
Weil - wenn er meint, er muss jetzt
kochen,
dann fängt es an in mir zu pochen.
Denn ich weiß dann schon ganz genau,
das endet in 'nem Supergau.

Der Alan kocht trotzdem!
Ich kann ihn förmlich vor mir sehen:
Ein Gläschen Rotwein in der Hand,
Spritzer zieren die Küchenwand.
Der Herd ist dreckig, Töpfe auch,
die ganze Wohnung ist voll Rauch.

Ach, Alan merkt das nicht!
Hat dieses Lächeln im Gesicht
und kocht mit sehr viel Leidenschaft,
die mir zuweilen Leiden schafft.
Drum sag ich's heut' mit Wut im Bauch:
Wenn Alan kocht, dann koch' ich auch.

(aber innerlich)

Der Traumprinz

Mein Kopf sprach: Schätzchen, sei nicht doof!
Der Typ macht dir schon lang' den Hof.
Er ist der Prinz, den du bestellt,
ist supernett und hat viel Geld.
Ein Gentleman bis ins Detail,
ist schön und klug, bereit und frei.
Von ihm hast du schon lang geträumt,
so manchen tollen Kerl versäumt.

So setzte ich die Brille auf,
mit rosa Glitzergläsern drauf.
Hab jedes Date mit ihm geprobt,
mich vorher noch mit Sekt gedopt.
Bin beim Psychiater auch gewesen.
Erstand ein Mittel vom Chinesen.
Schlief mit nem T-Shirt, das getragen
von ihm an ach so vielen Tagen.

Nahm mir ein Bild von seinem Kopf,
hab ihn auf Clooneys Hals gepfropft.
Fuhr immer wieder Achterbahn,
auch das hat mir nicht gut getan.
War in Venedig und Paris,
bis mich dann doch der Mut verließ.
Der Kopf, das ist die eine Sache,
doch 's Herz führt eine andere Sprache.

Ich hatte es ganz doll versucht!
Mich selber insgeheim verflucht.
Doch bubberte mein Herz nicht laut,
wenn ich in seine Augen schaut'.
Ich fürchte mal das dumme Ding,
es peilte nicht worum es ging.
Es hatte nicht von ihm geträumt,
d'rum hab ich diese Chance versäumt.

Alles, aber nicht das!!!

Ach, bitte komm doch wieder rauf,
wir fallen hier allmählich auf.
Mir wird schon angst und bange,
du kniest echt viel zu lange.

Auch geht mir dieser Geiger
ganz tierisch auf den Zeiger.
Die Antwort ist wie jedes Mal:
Ich will, doch mach' hier kein' Skandal.

Ich will, dass du gleich hier und jetzt
dich wieder auf den Hintern setzt.
Kein Blumenmeer, kein Teddybär
und bitte keinen Antrag mehr.

Vergiss vor allen Dingen
ein Ständchen mir zu bringen.
Du ahnst gar nicht, wie ich mich quäl',
seh' ich dich bei Wayne Carpendale. *

Auch will ich keine roten Rosen,
gedruckt auf deinen Unterhosen.
Ich will, das ist mein letztes Wort,
dass du es lässt und zwar sofort.

Traummann
(aber ohne Ton)

Ein jeder Blick ein kleiner Flirt,
du meinst, dass dir die Welt gehört.
Die Gesten wie aus Hollywood,
man sagt, du hättest blaues Blut.

Die Mähne wie dahingestellt,
sodass es gleich ins Auge fällt.
Dein Duft erfüllt den ganzen Raum,
du bist ein Kerl so wie ein Traum.

Der Blick sehr männlich und markant
wär' dir zum Nordpol nachgerannt.
Und in so mancher langen Nacht,
da hab' ich nur an dich gedacht.

Ich wollte fast schon für dich sterben
und dir mein kleines Herz vererben.
Doch leider hab' ich was gefragt.
Ach, hätt'st du besser nichts gesagt.

Ach, hätt' ich dir den Ton gekappt.
So hat es nicht mit uns geklappt.
Du bist halt nicht der Hellste und
beim nächsten Date halt bloß den Mund.

Vergleichsweise

Ich sah dich heute in der Bahn
und wäre fast nicht mitgefahren.
Weil - deine Art ist mir vertraut,
was mir den ganzen Tag ver(dirbt).

Erwog das iPod einzuschalten,
doch hast du deinen Mund gehalten.
Die Stimme wollt' ich gar nicht hören,
sie würde mich total verstören.

Bestimmt knarzt du ganz krass und laut,
sodass es mich vom Hocker haut,
sodass ich hyperventiliere
und meine Contenance verliere.

Dann sagst du sicher doofe Sachen,
die mich erst richtig wütend machen,
dass ich dein Segelohr ergreife,
und dich dort ziemlich hefig kneife.

Vielleicht sollt ich es jetzt ertragen,
mich zu dir setzen und dir sagen:
Wie du hier sitzt siehst du so aus,
wie einst mein Ex - oh, welch ein Graus!

Doch halt da fällt mir etwas ein!
ich hau dir auf das Nasenbein.
Dann steige ich schnell aus und Schluss!
Ach ja - in Zukunft fahre ich Bus!

Die Lösung

Ich dacht', ich hätte dich gesehen,
wie konnte dieses nur geschehen?
Im Supermarkt, hier gleich ums Eck.
Der Augenblick - ein Riesenschreck!

Der Typ sieht wirklich aus wie du,
der Anblick haut mich aus dem Schuh!
Doch Gott sein dank kann das nicht sein,
wo du jetzt bist, weiß ich allein!

Ich habe dich doch selbst verstaut,
der Ort ist nur mehr mir vertraut.
Die Kiste ist im Schrank, ganz hinten,
weit unten zwischen alten Quinten.

Dort liegst du unter ollen Jacken,
vom Scheitel bis zu deinen Hacken.
Verschlossen ist der Schrank zudem,
der Schlüssel weg – wie angenehm.

Da bleibst du bis zum jüngsten Tag,
in deinem kleinen, Brettersarg.
Die Trennung fiel mir nicht sehr schwer,
denn jetzt nervst du mich nimmermehr.

Nie wieder laberst du mich an,
das ging mir auf die Nerven, Mann!
Die Rente, sie läuft trotzdem weiter
und ich bin glücklich, froh und heiter!

*Inspiriert durch einen Artikel in der
WN, in dem geschildert wurde, dass
eine Frau ihren Mann in der Tiefkühl-
truhe eingelagert hatte und über Jahre
die Rente weiter bezog.*

Die Neue

Üppig – drall ist sie gebaut,
Highheels klackern extra laut.
Das Make-up ist viel zu viel,
ziemlich schriller Kleidungsstil.

Süß ist sie und überstylt
und von mir das Gegenteil.
Sie glaubt, du wärst echt super toll.
Ihr Blick ist mega ehrfurchtsvoll.

Was du auch machst, sie feiert dich.
Bewundert angelegentlich.
Zollt dir permanent Applaus.
Glücklich siehst du mit ihr aus.

So hättest du mich haben wollen?
So hätt' ich für dich sein sollen?
Die Wahrheit kann ich jetzt erkennen
und glaube, dass uns Welten trennen!

Er will sich wohl was Junges gönnen ...

Du argwöhnst, ahnst es schon seit
Wochen.
Du rüstest jetzt gewaltig auf
und meinst, dann kommt er gleich
gekrochen.
Wer kann sie sein? Du kommst nicht
drauf.

Du hättest es dir denken können,
kaum bist du 40, schon ist Schicht.
Er will sich wohl was Junges gönnen.
Doch glaube mir, das ist es nicht.

Vergiss Diäten und Salate,
die militante Abnehmfront,
Dein Busen braucht nicht Implantate.
Färb dir die Haare nicht zu blond.

Verzichte auf den Wonderbra.
Schau ihn nicht ständig lasziv an,
wälz dich nicht rum wie'n Pornostar.
weil er das gar nicht haben kann.

Er ist es leid stets mitzuhalten,
erst stylen, Disco, dann ins Bett.
Will nichts mehr hör'n von bösen Falten,
vom Shoppen, Soaps und Körperfett.

Du hättest es dir denken können.
Ach hättest du nur nachgedacht.
Er wollt sich nicht was Junges gönnen,
er ist ganz einfach aufgewacht.

Ich sag's dir, du wirst mich jetzt hassen.
Dein Ego lässt das wohl nicht zu.
Der Grund, weshalb er dich verlassen,
ist sehr viel älter noch als du.

Nun ist er weg …

Nun ist er weg, nach langer Zeit,
hat sich von aller Last befreit.
Behält das Haus und acht Zylinder,
du kriegst den Hund und auch die Kinder.

Ein junges Weib – er hat's getan.
Es lief wohl alles für ihn nach Plan.
So was hat's immer schon gegeben.
So ist das Leben, voller Fallstricke eben.

Denk' nur daran, es geht immer weiter
und hinterher bist du viel gescheiter.
Hier ist mein Rat
(er ist nicht ganz ernst),
damit du in Zukunft genießen lernst:

Beziehungen scheitern, das ist nicht neu.
und Partner sind nicht ausschließlich treu.
Kinder sind undankbar, Hunde korrupt.
Oft hat ein Problem sich als Glücksfall
entpuppt.

Drum sag ich's dir jetzt direkt ins
Gesicht!
Schuhe, mein Mädchen, enttäuschen
dich nicht.
Sie sind dir treu und nur für dich da,
sie streiten sich niemals und bleiben ein
Paar.

Vergiss den Macker, geh' einfach
shoppen,
denn dieses Gefühl lässt sich nicht
toppen.
Und ist der Verkäufer ein Sahnestück,
dann nimm ihn gleich mit, er bringt dir
Glück.

Ein echter Kerl

Ein echter Kerl würd' niemals klagen,
denn er leidet wie ein Mann.
Kann so manchen Schmerz ertragen,
stellt sich nicht wie'n Mädchen an.

Ein echter Kerl ist sehr verschwiegen,
sagt nicht was er fühlt und denkt.
Bleibt oft stumm und sehr gediegen.
Er will nicht, dass man ihn bedrängt.

Ein echter Kerl starrt oft ins Feuer,
Mann muss tun, was Mannes Pflicht!
Dieses ist ihr nicht geheuer,
sie versteht ihn leider nicht.

Er meint sie wäre zu beneiden,
weil gerade sie ihn haben kann.
Selbst bei allergrößten Leiden,
trägt er diese wie ein Mann.

Doch das Weib, das unheilvolle,
lächelt maliziös, sodann
streicht's ihm lässig durch die Tolle,
sucht sich einen wahren Mann.

Ein toller Hecht

Früher mal ein toller Hecht,
stets fixiert auf das Geschlecht.
Heute fühlt er sich bedroht
von akuter Atemnot.

Trotzdem rein ins Stützkorsett,
sicher wird der Abend nett.
Tanztee heißt das Zauberwort!
Heiße Hasen sind vor Ort.

Schnell schluckt er eine Viagra,
die Potenz wird langsam mager.
Daran denkt er lieber nicht,
scharf wie'n Messer ist der Wicht.

Spätes Mädel sitzt am Tisch,
leicht und luftig, duftig frisch.
Er ruft aus: „Gestatten Sie?"
Wippt dabei leicht mit dem Knie.

„Dazu ist es nie zu spät",
sagt sie, richtet's Hörgerät.
Auf geht es zum flotten Walzer.
Es macht im Rücken einen Schnalzer.

Die Bandscheibe - was soll er machen?
Doch sie lässt es richtig krachen.
Lässt ihn einfach nicht mehr los,
tanzt den Cha Cha ganz famos.

Röchelnd folgt er ihren Schritten,
will nur noch um Ruhe bitten.
Fleht sie an doch anzuhalten!
Schließlich lässt sie Gnade walten.

Strahlt ihn voller Freude an,
flüstert: Nur die Ruhe, Mann.
Nach dem übernächsten Tanz,
rufen wir die Ambulanz.

Gern der Zeiten gedenkt er

Inzwischen schon ein wenig kahl.
Ein Jüngling war er früher mal.
Die Haare wachsen aus der Nase.
Er hat Probleme mit der Blase.
Es plätschert halt nicht mehr wie früher,
heutzutage ist er Sprüher.

In den Ohren sprießt das Haar,
nichts ist, wie es früher war.
Seine Zähne werden locker.
Vorbei die Zeit als cooler Rocker.
In der geilen Lederkluft,
bekommt er nicht mehr richtig Luft.

Sein Bauchumfang wächst stetig weiter,
er ist zwar kleiner, aber breiter.
Der Po, einst war er knackig rund,
der leidet nun an Muskelschwund.
Und Herr Schniepel, dieser Schlingel,
ist neuerdings am liebsten Single.

Da hilft ihm auch kein fester Wille,
es klappt nur mit der blauen Pille.
Die Mädels ahnen dieses schnell.
Sie denken: Also sexuell
kriegt der nix mehr auf die Kette.
Sein Bett dient nur als Einschlafstätte.

Doch irrt das Weib, würd' ich mal sagen.
Vielleicht ein wenig angeschlagen,
steht er durchaus seinen Mann,
der immer noch entzücken kann.
Der älter, klüger, weiser ist
und ein Individualist.

D'rum lasst uns einfach drüber lachen,
wenn Zipperlein Probleme machen.
Die Zähne wackeln, Glieder schmerzen,
denn jung ist man doch mit dem Herzen!
Für sie bleibt er dieser Welt
ihr junger, ungestümer Held.

Silvesterfeier – der Tag danach

Oh Gott, was tut mir alles weh,
vom Scheitel bis zum kleinen Zeh.
Wo gestern das Gehirn noch war,
ist heute Leere, offenbar.

Um mich herum herrscht nur Tristesse.
Das Handy klingelt – so ein Stress!
Ich heb' es auf mit einem Ächzen,
um dann benebelt reinzukrächzen.

Mein Freund fragt, ob ich jetzt wohl
spinn',
Mein Schlüpper sei bei Ebay drin!
Das Angebot als Sofort-Kauf.
Ich lege lieber wieder auf.

Ich glaub', da ist was Wahres dran.
Hab' nämlich nichts als Highheels an.
Erinnerungen steigen auf:
Sylvester Abend - sein Verlauf.

Vielleicht war ich nicht ganz korrekt.
Das lag wohl an dem leckeren Sekt.
Ein Glas, auch zwei, drei oder vier …
Dann tanzte ich auf dem Klavier.

Mit den Mädels diese Wette:
Wer wohl die größten Chancen hätte
da vorne dort, den Oberdeppen
heut' Nacht womöglich abzuschleppen.

Was liegt hier für ein Zeug herum?
Das wird mir alles langsam dumm!
Am Bürzel hab'ich ein Tattoo!?
Und wer zur Hölle bist jetzt DU?

Du sagst wir kennen uns? Oh man,
und grinst mich dabei dämlich an.
Der Vorsatz für das neue Jahr:
Nie wieder Alkohol – ist klar!

Hallo Mister Alibert

Das kann ich nicht verstehen!
Schau müde in den Spiegel rein
und bin nicht mehr zu sehen!
Die Dame, die mich hier fixiert,
(und krass aus roten Augen stiert)
hat mich ganz schrecklich irritiert:

Mit Augenringen Größe Zehn,
die fast bis zu den Ohren gehen.
Die Oberlippe kräuselt sich.
Die Lippen sind ein dünner Strich
mit Merkelkerben um den Mund.
Herrje, was guckt die ungesund!

Die Faltenstirn schlägt Riesenwellen,
man könnte sich glatt darunter stellen.
Das Kinn, es will sich hängen lassen.
Nein, wirklich, ich kann es nicht fassen.
Jetzt lösch' ich kurzerhand das Licht,
dann siehst du ein - das bin ich nicht.

Halt -plötzlich kommt mir die Idee,
wie ich mich schnellstens wieder seh'.
Bevor ich auf die Waage steige,
im Anschluss dann Zerknirschtheit zeige,
fahr ich bei Fielmann gleich vorbei,
die Kosten sind mir einerlei.

Ich hol' mir Würde, Ego, Glück
und's alte Sehgerät zurück!

Hallo Du

Was schaust du denn so gräsig drein?
Der Tag hat kaum begonnen.
Die Sonne scheint, die Luft ist rein,
du wirkst noch ganz benommen.

Nun lächle mal, so geht das nicht!
Sei bitte etwas netter!
Doch du verziehst nur dein Gesicht,
schaust drein wie Regenwetter.

Na gut, dann grummle weiterhin,
mich soll das nicht verzagen.
Ich habe heut' 'nen frohen Sinn,
will ganz bestimmt nicht klagen.

Doch schau – du lächelst zögerlich,
es ist noch nichts verloren.
Mein Spiegelbild so mag ich dich!
Fühl' mich wie neu geboren.

Streifenhörnchentag …

Die Kaffeetasse ist echt weg.
Wo sie grad stand, ist nur ein Fleck.
Und lesen kann ich leider nicht.
Die Brille fehlt mir im Gesicht.
Obwohl ich mich gar nicht bewegt,
hab' ich das gute Stück verlegt.

Das Handy ist nicht wo es soll.
Schon wieder weg? Ach ja, wie toll!
Der Ladekabel hab' ich vier,
doch leider ist grad keines hier.
Den Fahrzeugschlüssel nun gesehen.
Doch wo ließ ich mein Auto stehen?

Hab heute nix auf dem Radar,
krieg irgendwie nichts wirklich klar.
Kann ohne Fehler Lieder singen,
Zitate ganz zu Ende bringen.
Doch was ich jetzt im Keller will,
entzieht sich mir – der Overkill!

Ist das nur heut' ein Phänomen?
Und wird es bald mal wieder geh'n?
Ich lauf' im Haus quer auf und ab,
weil ich etwas vergessen hab'.
Da kommt mir plötzlich die Idee,
wie ich mich selbst besser versteh'.

Ich kann ruhig denken: „Merk dir das!"
Darauf ist heute kein Verlass.
Denn heut' ist Streifenhörnchentag,
d'rum komme ich auch nicht aus dem
Quark.
Egal wo ich nach Sachen grabe,
weiß nicht wo ich's verbuddelt habe.

Am Strand
(Klapphornverse)

1.

Zwei Damen gehen oben ohne,
am Strand an die Bikinizone.
Und weil sie's Höschen ganz vergessen,
trägt Frau ein Feigenblatt stattdessen.

2.

Zwei Herren bleiben staunend stehen.
Der eine ist fast nicht zu sehen.
Sein Bierbauch ist nur schuld daran,
denn erst kommt der und dann der
Mann.

3.

Der mit dem Bierbauch lächelt, denn
er ist ein rechter Gentleman.
Hilft dann mit seiner Hose aus,
sie reicht für beide Damen aus.

Das Sonderangebot

Es klingelt grad' das Telefon:
Verlagshaus Dings, Sie wissen schon!
Ein Schnäppchen biet' ich Ihnen an,
das man nur heute haben kann.
Den Atlas namens Delta Zehn,
darauf ist folgendes zu sehen:

Die Städte dieser unserer Welt,
sind dort ins rechte Licht gestellt.
Die Grenzen auf dem neusten Stand
Und detailliert für jedes Land.
Natürlich in den Landesfarben!
Nur heut' bis Mitternacht zu haben!

Der Mensch macht mit der Rede Schluss,
weil er auch einmal atmen muss.

Das nutze ich natürlich aus:
Nen Atlas hab' ich schon im Haus.
Er stammt von achtzehnhundertvier,
doch wie er ist, so reicht er mir.
Zeigt Kontinente, Meere an,
worauf man sich verlassen kann.

Wozu soll ich die Grenzen sehen,
wenn sie nicht wirklich sicher stehen.
Wenn Irre aus verschiedenen Ländern
sie im Minutentakt verändern.
Und wer dann einmal so agiert,
im Dutzend Städte ausradiert.

Das Klima fällt mir gerade ein,
es könnt' schon längst in Ordnung sein.
Doch tut sich irgendwie da nichts.
D'rum sag' ich einfach angesichts
der Katastrophe die uns droht,
ein neuer Atlas tut nicht Not.
Zum Teufel geht vielleicht die Welt!
Ein Atlas wär' verbranntes Geld.

Verstand ist gerad' im Ausverkauf,
doch geb' die Hoffnung ich nicht auf.
Vielleicht gibt's Frieden für die Welt,
doch wann, das sei dahingestellt.
So rufen Sie mich noch mal an.
Falls ich mich dann erinnern kann:
Im Jahr des Herren Zwanzig- fünf - zwei,
bin mit nem Atlas ich dabei.
Aufgelegt ... merkwürdig ...

In die Tonne mit euch Büchern

In die Tonne mit euch Büchern,
ihr seid lange nicht mehr in.
Habe euch nur weil ich leider
so wie ihr von gestern bin.

Computer, Reader für die E-Books,
das ist nunmehr up to date.
Außer Nurds gibt es kaum einen,
der auf dicke Wälzer steht.

Karl von Moor ist jetzt ein Killer,
Johanna keine Jungfrau mehr.
Würdest staunen Freddy Schiller,
tätest dich damit wohl schwer.

Götz flucht, säuft in Dortmunds Ecken.
Niemand denkt an Sturm und Drang.
Oder an den alten Recken,
Drama ist nicht von Belang.

Psychokram sind Werthers Nöte.
Faust im offenen Vollzug.
Wärst verwirrt, meine lieber Goethe,
würdest daraus nicht mehr klug.

Loreley, die schöne Nymphe,
hat sich anders orientiert.
Macht Reklame jetzt für Strümpfe,
Henry Heine wär' verwirrt.

Ich bin sowieso von gestern.
Behalte meinen Bücherschatz.
Kann zur Not noch mit ihm stemmen,
statt der Hantel - als Ersatz.

Weltuntergang

Das Ende dieser, unserer Welt
wird niemand überleben.
Tröstlich ist: die Stunde Null
wird es nur einmal geben.

Dass sie mal kommt, das ist gewiss,
da gibt es keine Wende.
Was bleibt ist die Unendlichkeit,
am Schluss steht nur das Ende.

Es kommt doch, wie es kommen muss
und nimmt so seinen Lauf,
doch steht das Ende vor der Tür,
steh'n wir erst gar nicht auf.

Vom Abschalten und Down liegen

Heute schalte ich ab.
Laufe nicht auf Stand-by
oder auf Sparflamme,
zieh den Stecker
und werfe den Anker.

Heute spanne ich ent.
Setzte meinen Organizer
am Straßenrand aus.
Verzettele mich,
habe Zeit für Firlefanz.

Heute liege ich down,
mit baumelnder Seele
in meiner Hängematte.
Habe ein rien ne va plus im Kopf.

Heute habe ich geschlossen,
bin deaktiviert.
Willst du mir Gesellschaft leisten?

Individuell

Das Fahnen schwenken, ach herrje,
das muss für mich nicht sein.
Die Farbe passt mir meistens nicht
und das Parolen schreien.

Auch fehlt mir jede Spur von Lust,
um öde, leere Phrasen
nachzubeten und zu schreien,
damit mich aufzublasen.

Ein Twitter Tweed ist ziemlich kurz,
es passt, was ich mir denk',
nicht in das kleine Textfeld rein,
auch wenn ich mich beschränk'.

Bin lieber Individualist.
Der Mainstream ist mir schnuppe.
Denn kommt zu zweien wer dazu,
ist das schon eine Gruppe.

Mein Motto wäre simpel, klar:
Es muss kein Dritter sein,
ich bin im Duo schon komplett
und liebe dich allein.

Dreh mich nicht mit dem Wind

Dem Einen bin ich zu weit links,
dem Anderen zu viel rechts.
Ein Dritter meint, die Mitte sei
schon lang von mir besetzt.

Sie sind sich einig: Einerlei,
wo alle Drei mich sehen,
ist es nicht richtig und deshalb
bleib ich hier einfach stehen.

Der Eine meint, wie's früher war,
so bin ich gar nicht mehr.
Ein anderer beklagt sich sehr,
dass ich wie früher wär'.

Und fällt ihnen so gar nichts ein,
dann sagen sie im Chor,
dass ich nun einmal komisch bin,
das kommt ihnen so vor.

Der Eine sägt mit Amüsement
an meinem kleinen Ast.
Der Andere, er grübelt noch,
was ihm an mir nicht passt.

Was immer ich auch mach' und tu,
für sie wär's ein Fauxpas.
Zu meckern gibt es immer was,
das ist bei ihnen klar.

Doch gibt es Leute, Gott sei Dank,
die sind wahrlich nicht so.
Für sie zu schreiben was ich denk',
das macht mich richtig froh.

Solange es sie für mich gibt,
sie gute Freunde sind,
bleib ich ganz einfach wie ich bin,
dreh mich nicht mit dem Wind.

Angie Pfeiffer schreibt Unterhaltungsliteratur in Form von Romanen und Kurzgeschichten für Erwachsene sowie Kinderbücher. Sie hat Romane, E-Books und zahlreiche Kurzgeschichten und Gedichte in Anthologien, Literaturzeitschriften und der Tagespresse veröffentlicht.

Weitere Bücher von Angie Pfeiffer:

Nur wer fällt, kann fliegen lernen
Roman
Tim wünscht sich nichts sehnlicher, als eine ganz normale Beziehung. Das ist leichter gesagt als getan, denn irgendwie gerät er immer an die falschen Frauen ...

Leben lernen
Roman

Ruhrpottklüngel
Roman
Kindheit und Jugend im Herzen des Ruhrgebiets

Ruhrpott Pärchen
Roman
Leben und lieben zwischen Emscher und Rhein-Herne-Kanal

Ruhrpottherzen
Roman
Ein Buch über Macker und Tussis, Döppken
und Blagen, Hallas und Halligalli, Fissematen-
ten, Sperenzkesund ein ganz schönes Schla-
massel.

Ruhrpottabschied
Roman
Männersuche per Internet

Liebesbriefe
Briefe für ganz besondere Menschen

@Mail Verkehr
Roman
Eine humorvolle Liebesgeschichte in E-Mail
Form

Relativ verliebt - Liebe online
Roman
Liebe per Internet

Das Buch des Lebens
Gedichte, Gedanken, kurze Texte

Dackel Murphys Abenteuer
Roman
Ein Buch für große und kleine Tierfreunde

Ein Dackel namens Murphy
Roman
Ein Buch für Dackelfans, Hundefreunde, Katzenliebhaber und tierliebe Menschen

Ein Dackel kommt selten allein
Heitere Kurzgeschichten für Hundefreunde

Insel über dem Wind
Kurzgeschichten
Spannende, wissenswerte und amüsante
Kurzgeschichten rund um das Verreisen

Sieben Leben
Kurzgeschichten
Mörderische Krimis

Menschen(s)kinder
Kurzgeschichten
Werden sie denn nie erwachsen?

Küsse niemals einen Frosch
Kurzgeschichten
Märchen für Erwachsene